Foilsithe den chéad uair ag Futa Fata, An Spidéal, Co. na Gaillimhe, Éire

An chéad chló © 2024 Futa Fata

An téacs © 2024 Sadhbh Devlin

Maisiú © 2024 Anastasia Melnykova

Dearadh, idir leabhar agus chlúdach: Daire Ó Beaglaoich, Graftrónaic, Corca Dhuibhne

Foras na Gaeilge

Tá Futa Fata buíoch d'Fhoras na Gaeilge faoin tacaíocht airgid.

the arts council chomhairle ealaíon | cistiú litríocht

Thacaigh An Chomhairle Ealaíon le forbairt an leabhair seo faoina scéim
Maoiniú Deontais do na hEalaíona.

ISBN: 978-1-915684-16-5

# An Fia sa Choill

Sadhbh Devlin a scríobh

Anastasia Melnykova a mhaisigh

*I gcuimhne ar Owen Gallagher. Tá saoirse na coille anois aige – Sadhbh*

*Do mo mhac, Nikita Blidar – Anastasia*

Nuair a bhí mise óg thaitin scéalta de gach saghas liom – cinn nua-aimseartha agus seanscéalta. Tá an-chuid seanscéalta againn in Éirinn. Cuid de na cinn is deise de na seanscéalta sin, baineann siad leis an laoch cróga Fionn Mac Cumhaill.

Tá na scéalta iontacha seo á n-insint leis na céadta, céadta bliain. Seans go bhfuil an scéal faoi Fhionn agus an bradán feasa cloiste agat cheana? Bhuel, tagann an scéal sa leabhar seo faoi Fhionn agus Sadhbh ón traidisiún céanna. Tugtar 'an Fhiannaíocht' ar an ngrúpa scéalta sin.

Thaitin scéal Shadhbh liomsa ó bhí mé an-óg toisc an t-ainm Sadhbh a bheith orm féin. Bhraith sé an-speisialta agus tábhachtach dom m'ainm a fheiceáil i scéal a bhí chomh hársa agus chomh draíochtúil leis an gceann seo.

Bhí mé i gcónaí ag iarraidh tuilleadh a fhoghlaim faoin Sadhbh sa scéal seo, áfach, ach seachas go raibh sí 'go hálainn' ní raibh mórán eolais eile sna seanleaganacha fúithi. Mar sin, nuair a tugadh cuireadh dom leagan nua den scéal a scríobh, bhí a fhios agam go raibh deis agam cur lena carachtar ionas go mbeadh léitheoirí nua in ann aithne níos fearr a chur uirthi agus tuiscint a fháil ar cé chomh tábhachtach is atá sí mar charachtar de chuid na scéalta Fiannaíochta.

Tá súil agam go smaoineoidh tú ar Shadhbh uair ar bith a fheicfidh tú fia sa choill.

*Sadhbh Devlin*

Bhí an oíche ag titim agus bhí Fionn Mac Cumhaill
ag éirí tuirseach. Bhí an lá caite aige ag marcaíocht trí
ghleannta agus thar bheanna agus é ag sealgaireacht.
Ach ní raibh rath ar bith air. "Tá sé chomh maith
againn dul abhaile go Dún Almhain," ar sé lena
mhadraí dílse, Bran agus Sceolán.

Ach, go tobann, thosaigh na madraí ag tafann go hard.

"Féach an fia breá sin!" arsa Fionn.

Chas agus lúb an fia go tapa idir na crainn,
na madraí sa tóir uirthi. Lean Fionn iad.

"A Bhrain! A Sceoláin! Céard atá ar siúl agaibh?"
a ghlaoigh Fionn.

Bhí a dhá shúil ar leathadh le hiontas nuair a
chonaic sé a mhadraí fíochmhara ina luí go ciúin
taobh leis an bhfia. Nuair a ghlac Fionn céim
chun tosaigh, rinne siad drantán crosta leis.
Bhí siad ag cosaint an fhia!

Thug Fionn faoi deara go raibh súile glasa ag an bhfia, seachas na súile dorcha a bhíonn ag an ainmhí sin de ghnáth. Thuig sé go raibh rud éigin speisialta fúithi. Bhí cuma chliste ar a súile freisin, amhail is go raibh sí ag iarraidh rud éigin a rá leis.

"Ní ghortóidh mé thú, a fhia," arsa Fionn go séimh. "Tar abhaile linn go Dún Almhain. Beidh tú sábháilte ansin."

Chomh luath is a leag an fia a crúba thar thairseach an Dúin,
thuisligh sí agus thit sí go talamh. Lig an slua cnead iontais astu.

Mar ní fia a bhí inti níos mó, ach bean! Bean óg,
álainn a raibh gruaig fhada órga uirthi agus súile
móra glasa aici. Shín Fionn a lámh amach chuici.

"Do shúile..." ar sé. "Cé a chuir an draíocht
uafásach seo ort?"

Ach níor fhreagair an bhean é.

An oíche sin, bhailigh Fionn agus na Fianna le chéile le
fáilte chroíúil a chur roimh an mbean álainn a bhí tagtha
ina measc. Leagadh bia agus deoch os a comhair.
Ansin, thosaigh an cruitire ag seinm ceoil di.

Nuair a chuala an bhean an ceol, thosaigh sí ag canadh!
Bhí guth binn aici a chuir an slua ar fad faoi dhraíocht.
Nuair a tháinig deireadh leis an amhrán, labhair sí.

"Is mise Sadhbh," ar sí.

"Tá sé go hálainn bualadh leat, a Shadhbh," arsa Fionn.

Shocraigh Sadhbh isteach go tapa sa Dún.
D'éiríodh sí go moch gach maidin agus
théadh sí amach sa ghairdín le cúram
a dhéanamh de na luibheanna cumhra
a bhí curtha aici ann.

Dhéanadh sí ungadh agus deochanna leighis as na luibheanna sin. D'úsáideadh sí iad le cabhrú le daoine agus ainmhithe a bhí tinn nó gortaithe. Chasadh sí amhráin shona agus í ag obair. D'ardaigh sí croí gach duine de na Fianna agus croí Fhinn go háirithe.

Istoíche, shuíodh Sadhbh agus Fionn le chéile cois
tine. Oíche amháin, d'inis seisean scéal di faoi iasc
draíochta. Chas Sadhbh amhrán greannmhar dó siúd,
ceann faoi shióga dána agus púcaí cleasacha a chuir
Fionn sna trithí ag gáire.

Ach, oíche eile, nuair a d'iarr Fionn ar Shadhbh a scéal
féin a insint dó, chroith sí a ceann agus chas sí uaidh.

De réir a chéile, thit Fionn i ngrá le Sadhbh agus
bheartaigh sé go raibh sé chun iarraidh uirthi é
a phósadh. Ach ní raibh sé cinnte an raibh an grá
céanna aici siúd dó féin. Mar uaireanta, i lár na hoíche,
chloiseadh sé Sadhbh ag béicíl agus í ina codladh.

"Ní phósfaidh mé thú!" a bhéiceadh Sadhbh.

"An mise atá i gceist aici?" arsa Fionn leis féin go buartha.
Cé gur laoch cróga a bhí ann, thóg sé an misneach ar fad
a bhí aige an cheist chéanna a chur ar Shadhbh.

"Ní tú, a stór," ar sí. "Bíonn drochbhrionglóid agam go minic. Feicim an seanfhear gránna ag teacht ar ais."

"An seanfhear gránna?" arsa Fionn.

"Trí bliana ó shin bhí mé ag bailiú luibheanna sa choill nuair a tháinig seanfhear chugam. Dúirt sé liom go mbíodh sé ag faire orm go minic agus go raibh cinneadh déanta aige mé a phósadh.

"Dúirt mise leis nach bpósfainn é.
Chuir sé sin an-fhearg air agus bhuail sé
mé lena shlat draíochta. Ansin..."

"Ansin?" arsa Fionn.

"Ansin, ní bean a bhí ionam a thuilleadh, ach fia.

"Thug an seanfhear chuig áit fhuar, lom sna sléibhte mé.

'Pósfaidh tú mé, a chailín,' a deireadh sé gach lá. 'Agus fanfaidh tú i d'fhia go dtí go mbeidh tú sásta é sin a dhéanamh.'

Níor smaoinigh mé ar rud ar bith seachas éalú. Ach rinne an seanfhear cinnte mé a cheangal gach oíche.

"Ansin, oíche amháin, bhí brionglóid agam.
Chonaic mé an áit seo, Dún Almhain, agus fear
a raibh gruaig fhada fhionn air. Agus nuair a shín
mé mo lámh amach chuige sin, chonaic mé gur
lámh duine a bhí orm féin arís, seachas crúb fia.

"Thug an aisling sin misneach dom agus nuair a dhúisigh mé, bhí a fhios agam an rud a bhí le déanamh. D'aimsigh mé luibh a chuirfeadh codladh trom ar an seanfhear, agus nuair nach raibh sé ag faire orm chaith mé isteach ina phota stobhaigh é. An oíche sin, bhí sé tite ina chodladh go sámh sula raibh deis aige mé a cheangal. B'in mo sheans..."

"Tá brón orm gur tharla an méid sin
ar fad duit," arsa Fionn léi.
"Ach tá an-áthas orm gur thug an
bhrionglóid sin anseo thú. Chugamsa."

"Ní raibh mé riamh chomh sásta is atá mé
anseo i nDún Almhain," arsa Sadhbh.
"Leatsa. Tá mé i ngrá leat, a Fhinn.
An bpósfaidh tú mé?"

Líon croí Fhinn le grá. "Shíl mé
nach n-iarrfá orm choíche é!" ar sé.

Bhí Fionn agus Sadhbh beirt sona sásta agus iad pósta lena chéile.
Bhí siad níos sona fós nuair a fuair Sadhbh amach go raibh sí
chun leanbh a bheith aici.

Maidin amháin, tháinig drochscéala chuig an Dún.
Chuaigh Fionn le labhairt le Sadhbh.

"Tá arm na Lochlannach ag teacht le hionsaí a dhéanamh orainn," a mhínigh sé di. "Tá orm imeacht le stop a chur leo. Fan thusa laistigh de bhallaí an Dúin agus beidh tú sábháilte."

"Bí cúramach, a ghrá," arsa Sadhbh. "Is fada liom go mbeidh tú ar ais!"

Bhí Fionn agus na Fianna imithe ar feadh seacht lá agus seacht n-oíche. Sheas Sadhbh ar bhalla ard an Dúin ag faire agus ag guí go bhfeicfeadh sí Fionn ag teacht ar ais. Céard a dhéanfadh sí mura dtiocfadh sé?

Ar deireadh thiar, chuala sí tafann madraí san aer. D'fhéach Sadhbh i dtreo bhun na spéire. Bhí fear ag teacht i dtreo an Dúin, agus dhá mhadra taobh leis. Léim croí Shadhbh le háthas.

"A Fhinn!" a bhéic sí. Rith sí amach an geata le fáilte a chur roimhe.

Dheifrigh sí i dtreo Fhinn. Nuair a tháinig sí suas leis, rug sé greim uirthi – ach is go garbh a rinne sé é. Ansin, os comhair a dhá súil, tháinig athrú uafásach air. Ní Fionn, a fear céile álainn, a bhí ann níos mó ach an seanfhear gránna.

"Scaoil liom!" a bhéic Sadhbh.

"Shíl tú gur éalaigh tú uaim, a chailín!" arsa an seanfhear. "Ach dúirt mé leat go raibh mé chun tú a phósadh."

"Ní phósfaidh mé thú choíche!" arsa Sadhbh.
"Tá mé pósta le Fionn Mac Cumhaill!"

Nuair a chuala an seanfhear an méid sin,
tháinig racht feirge níos measa ná riamh air.
D'ardaigh sé a shlat draíochta.

"STOP!" a scread Sadhbh, ach níor tháinig óna béal
ach búiríl beithígh. Bhí sí ina fia arís.

"A Shadhbh! Cá bhfuil tú? Bhí an bua againn!"
a ghlaoigh Fionn nuair a shroich sé an baile ar deireadh.
Ach ní raibh guth binn Shadhbh le cloisteáil in aon
áit. Bhailigh slua timpeall air agus d'inis siad dó faoin
tubaiste uafásach a bhí tar éis titim amach.

"Cén fáth nár chuir sibh stop leis?"
a bhéic Fionn go feargach.
"Gheall mé di go mbeadh sí sábháilte anseo."

"Rinne muid iarracht," ar siad, "ach faoin am
a shroich muid an geata, bhí siad imithe."

Ar feadh seacht mbliana fada,
chuardaigh Fionn oileán iomlán
na hÉireann, é ag iarraidh a ghrá geal,
Sadhbh, a aimsiú. Ní raibh cnoc
ná cuas, gleann ná beann nár shiúil sé.

Oíche fhuar agus é ag déanamh campa,
thosaigh Bran agus Sceolán ag tafann
go hard. Go tobann, rith buachaill beag
thar bráid. As go brách leis, é ag casadh
agus ag lúbadh go tapa idir na crainn,
na madraí sa tóir air. Lean Fionn iad.

Nuair a tháinig Fionn suas leo, chonaic sé a mhadraí fíochmhara
ina luí mar a bheadh peataí ag an mbuachaill. Faoi sholas na gealaí,
chonaic sé go raibh gruaig fhada órga ar an mbuachaill beag
agus súile móra glasa aige.

"Súile glasa..." arsa Fionn leis féin.

Ní fhéadfadh Fionn an páiste a fhágáil leis féin sa choill, mar sin
bheartaigh sé é a thabhairt abhaile leis go Dún Almhain.
Ar an turas, rinne sé iarracht ceisteanna a chur ar an mbuachaill
ach ba léir nár thuig seisean an méid a bhí á rá ag Fionn.

Shocraigh an buachaill isteach go tapa sa Dún. Gach lá, mhúineadh Fionn frásaí agus focail nua dó. Tar éis cúpla mí, bhí an buachaill ábalta a scéal féin a insint i gcaint na ndaoine.

"Bhí cónaí orm sa choill i gcónaí," ar sé, lá. "Bhí fia agam mar mhamaí. Thugadh sí luibheanna deasa dom le hithe. Bhí muid an-sásta le chéile.

"Ach, uaireanta thagadh seanfhear gránna chugainn. Bhí sé ag iarraidh go rachadh mo mhamaí leis ach ní fhágfadh sí mise liom féin. Ar deireadh, d'éirigh an seanfhear an-chrosta. D'ardaigh sé bata agus bhí sé chun mise a bhualadh leis! Ní raibh mo mhamaí ag iarraidh go ngortódh sé mé. Mar sin... bhí uirthi imeacht leis. Rinne mé iarracht iad a leanúint ach d'imigh mé amú sa choill."

Líon croí Fhinn le grá an athuair.

"Is mise do dhaidí," ar sé leis an mbuachaillín.
"Tabharfaidh mé aire duit as seo amach.
Glaofaidh mé 'Oisín' mar ainm ort, i gcuimhne
ar do mhamaí álainn. Ciallaíonn oisín 'fia óg'."

"Is maith liom é mar ainm," arsa Oisín.

Rinne Fionn agus Oisín gach rud le chéile as sin
amach. Chruthaigh siad gairdín nua sa Dún, é lán
de luibheanna cumhra. Shuíodh siad ann go minic,
ag insint scéalta faoi Shadhbh. Níor theastaigh
uathu dearmad a dhéanamh uirthi choíche.

D'fhás Oisín suas ina laoch cróga cosúil lena athair
agus ina amhránaí iontach cosúil lena mháthair.
Thugadh a ghuth binn ardú croí do gach duine
de na Fianna, Fionn go háirithe.

D'airigh Fionn uaidh Sadhbh i gcónaí. Ach nuair a
bhíodh Oisín ag ceol, ní bhíodh le déanamh aige féin
ach a dhá shúil a dhúnadh agus mhothódh sé arís
an grá a bhí ag Sadhbh agus é féin dá chéile.

Thug cuimhne an ghrá sin sólás agus suaimhneas dó.